E F G H I
O P Q R
W X Y Z

Illustrations : Fred Multier
Mise en pages : Gilles Malgonne

Site : www.fleuruseditions.com
ISBN : 978-2-2150-4784-1
N° d'édition : 10074

« Loi n° 49-956 du 16 juillet 1949 sur les publications destinées à la jeunesse. »
Achevé d'imprimer en mai 2010 par Toppan Leefung en Chine
Dépôt légal : octobre 2008

L'alphabet des princesses

FLEURUS

Amandine

comme...

Arc

Âne

Abracadabra

Amandine, l'apprentie sorcière, agite sa baguette magique au-dessus d'Arthur le crapaud. « Abracadabra ! Transforme-toi ! » 1, 2, 3, Arthur va-t-il apparaître en beau chevalier ?

Blanche

comme...

Baguette magique

Berceau

Baiser

Le soir, en s'endormant, Blanche rêve d'un beau prince charmant. Il la réveille d'un baiser et tous les deux tombent amoureux !

Camille

comme...

Crapaud

Cheval

Château

« Vite ! Dépêchons-nous de rentrer au château », crie Camille au cocher. « Sinon, à minuit, mon carrosse se transformera en citrouille. »

Daphné

comme...

Drapeau

Diadème

Dragon

« Au secours ! crie la princesse
Daphné à son prince charmant !
Je suis enfermée dans le donjon !
Venez vite me délivrer,
mais attention au dragon
devant ma prison ! »

Élise

comme...

Épée

Enclume

Empoisonné

Élise l'a échappé belle ! Elle allait croquer dans la pomme de la marchande, mais Étienne s'est écrié : « Ne la mange pas ! C'est un fruit empoisonné ! »

Fanny

comme...

Forêt

Flèche

Fée

Quand elle sera grande, Fanny sera une fée, comme sa marraine. Elle aura une baguette magique, des ailes aussi légères que des feuilles et elle exaucera les vœux de tous les enfants.

Gabriel

comme…

Grimoire

Griffe

Grotte

Mais quel est ce grognement qui vient du fond de la grotte ? se demande Gabriel. Un dragon gigantesque ? Un monstre à trois têtes ? Mais non, c'est Gaspard le géant qui fait une grosse sieste !

Héloïse

comme...

Heaume

Hibou

Héros

Hector est un héros ! dit Héloïse. Quand un méchant roi m'a enlevée, Hector a volé à mon secours et il m'a délivrée avant de m'emmener sur son beau cheval blanc.

Iris

Jean

comme...

Joyau

Jongleur

Il était une fois

« Il était une fois, raconte Iris à Jean,
une jeune fille perdue dans la forêt.
– Qui a-t-elle croisé ? Un loup ?
Une sorcière ? Un ogre ?
– Non ! Son prince charmant ! »

Khadija

Lancelot

comme...

ℒance

Lutin

Loup

Au clair de la lune, un grand loup noir se lèche les babines et ses yeux luisent comme des lanternes.
« Miam, je voudrais bien croiser une jolie princesse : je l'attraperais et je la mangerais ! »

Mathilde

comme…

Mandoline

Merlin l'Enchanteur

Magicienne

À l'école de magie, Mathilde sait déjà voler sur un balai et préparer des potions magiques pour devenir invisible ! C'est sûr, plus tard, elle sera une grande magicienne !

Nicolas

Ondine

comme...

Nain

Oubliettes

Ogre

« Il fait nuit, chuchote Nicolas à Ondine. L'ogre s'est endormi. Prenons ses bottes de sept lieues et sauvons-nous vite avant qu'il n'ouvre un œil ! »

Pauline

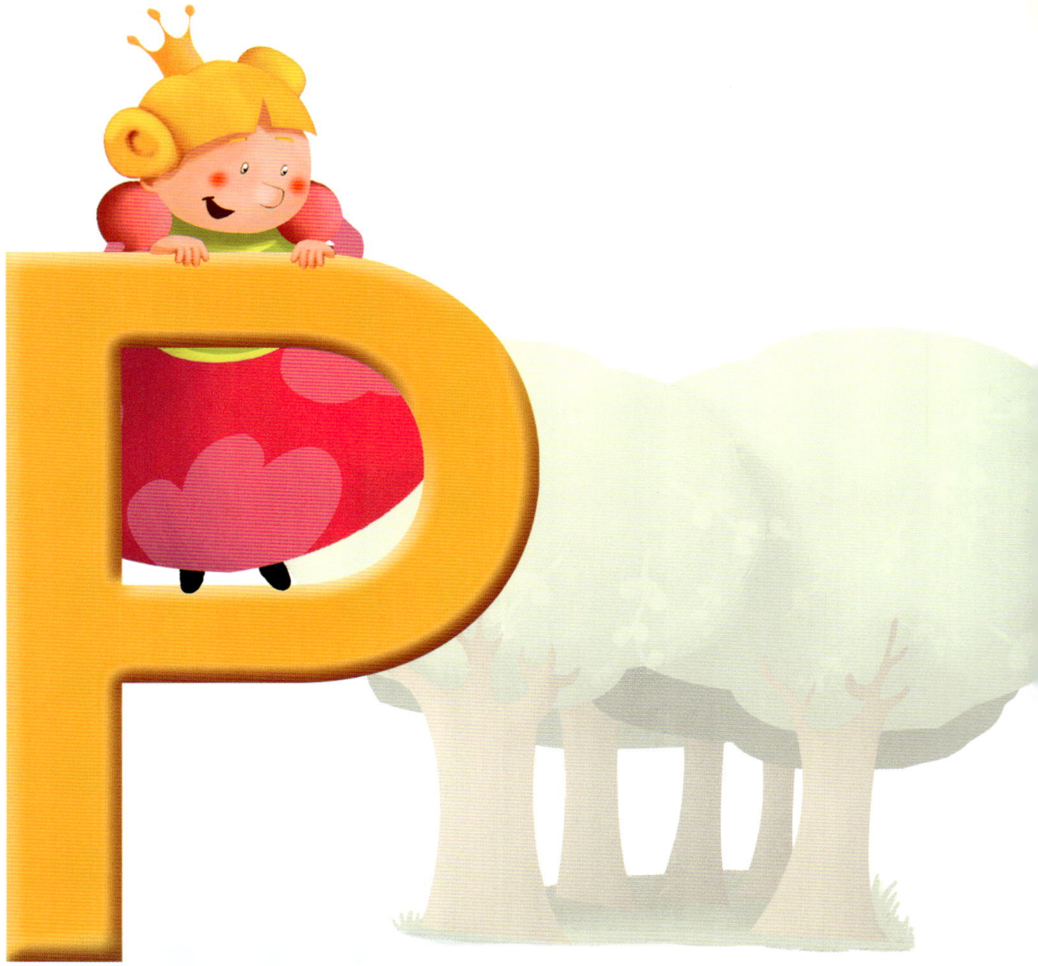

comme...

Pomme empoisonnée

Pont-levis

Prince

Au bal, la princesse Pauline a dansé avec trois princes : le premier avait de trop grands pieds, le deuxième était trop petit, mais le troisième, le prince Pierre, était parfait !

Quentin

Romane

comme...

Rouet

Robin des bois

Reine

Le roi Quentin et la reine Romane vivent dans un palais sucré avec des murs de miel, un sol en nougat, des fenêtres au caramel, un toit en chocolat. Et pour leur goûter, ils cueillent des roses à la barbe à papa !

comme...

Sceptre

Souris

Sorcière

Sissi la sorcière prépare une soupe dans son chaudron : de la bave de limace, quelques ongles de souris, six œufs pourris et pour finir, une louche d'eau croupie ! Miam, elle va se régaler !

Tessa

comme...

Tambour

Trésor

Tournoi

La princesse Tessa a tremblé pour son chevalier pendant tout le tournoi. Hourra, il a gagné ! Tout émue, pour le récompenser, Tessa lui donne un tendre baiser.

comme...

Vair
(pantoufle de)

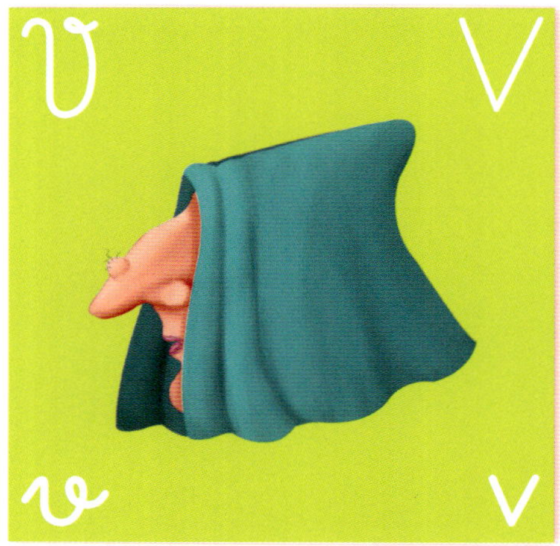

Verrue

Village

Au village, un grand carnaval est organisé. Ursule s'est déguisée en princesse et Valentin en valeureux chevalier ! Chouette ! Nos deux petits héros vont bien s'amuser !

William
Xavier
Yseult
Zébulon

Youpi !

Ce soir, Papi lira les aventures du prince Zébulon à Yseult et à ses cousins William et Xavier ! Youpi ! Vive Papi et Zébulon !

Les lettres perdues dans le château

Regarde bien ce château et fouille toutes les pièces pour trouver les animaux ou les objets qui commencent par la lettre indiquée :

- Dans la chambre, trouve **2** objets qui commencent par la lettre **L**.
- Dans la cuisine, trouve **1** animal et **3** objets qui commencent par la lettre **C**.
- Dans la salle de bal, trouve **1** animal et **1** objet qui commencent par la lettre **S**.
- Dans la salle à manger, trouve **4** objets qui commencent par la lettre **F**.
- Dans le cabinet magique, trouve **1** animal et **1** objet qui commencent par la lettre **G**.

Réponses :
Dans la chambre, il y a un lit et un livre.
Dans la cuisine, il y a un chat, une chaise, un chaudron et une cuillère (et aussi une cheminée !).
Dans la salle de bal, il y a une souris et un soulier.
Dans la salle à manger, il y a un feu de cheminée, un fauteuil, un fer à cheval et du fromage.
Dans le cabinet magique, il y a une grenouille et un grimoire.

A B C
G H I J
N O P
T U V W

D E F
K L M
Q R S
X Y Z